Lea la Biblia
en un año

GUÍA BÁSICA
7 Planes de lectura para leer la Biblia

Mary Ann Martínez

DEDICATORIA

A mi adorada madre, María Esther Santiago, quien me enseñó que la fuente de toda sabiduría radica en el temor a Dios y en el estudio de Su Palabra.

Mami, gracias por tu ejemplo de vida, servicio, integridad y amor. Tú eres mi hermoso mapa de vida. Te amo.

Biblia, libro mío, libro en cualquier tiempo y en cualquier hora, bueno y amigo para el corazón, fuerte, poderoso compañero. Tu desnudez asusta a los hipócritas y tu pureza es odiosa a los libertinos.
Gabriela Mistral
(Maestra, poetisa chilena y Premio Nobel, 1889-1957

CONTENIDO

1. La Biblia: Maravilloso libro

No hay filosofía más sublime que la conocida con el nombre de Sagrada Escritura.
Isaac Newton
(Matemático y científico inglés, 1642-1727)

En el capítulo 4 de Mateo se registra la monumental batalla espiritual que enfrentó Jesús al iniciar su ministerio. Fue un encuentro de grandes proporciones, que no tiene paralelos en la historia humana. Satanás en persona (según el relato de Marcos) se encargó de enfrentar al Maestro. Satanás atacó a Jesús con todo lo que tenía en su diabólico arsenal. Así es que nuestro Señor sacó el "armamento pesado" y utilizó el arma más poderosa que tenía a su alcance: La Palabra de Dios. Lejos de enfrentarse al enemigo con las armas carnales, los razonamientos lógicos o las discusiones intelectuales, simplemente echó mano del arma espiritual cuyo poder sobrepasa cualquier estrategia terrenal.

Hay diferentes armas espirituales con las que puedes hacer frente a tu enemigo el diablo; pero la Palabra de

Dios es la más poderosa. Cada vez que Jesús contrarrestaba el ataque de Satanás, utilizó las palabras "escrito está". Hay una diferencia muy grande entre la palabra hablada y la palabra escrita. La *palabra escrita* se sostiene por sí sola; no necesita apoyo de testigos que certifiquen que dice lo que dice.

De alguna manera, aquello que se escribe sugiere cierta autoridad. Es interesante que Jesús no dijo: "Dios dice..." o "Dios dijo..."; Jesús utilizó las palabras: "Escrito está..." ¡Nada podía vencer el poder y la autoridad de aquellas palabras!

Ese mismo poder que tiene la Palabra escrita de Dios está disponible y al alcance de todos los creyentes. La Biblia es la revelación que Dios hace al ser humano sobre Sí mismo. Dios se nos muestra, tal y cómo es, en su Palabra. Esto hace de La Biblia un libro único en su clase. Es cierto que existen muchos otros llamados "libros sagrados" que utilizan otros grupos o religiones. Sin embargo, cualquier persona que se dedique a analizar de manera objetiva la formación, el mensaje y la historia de la Biblia, tiene que concluir que existe un elemento sobrenatural que no contienen los demás "libros sagrados". El sólo hecho de haber sido escrita, por muchas personas, de diferentes clases sociales, de diferentes edades, en diferentes idiomas, en distintas épocas de la historia de la humanidad, bajo diferentes circunstancias y que aún así conserve unidad y unicidad en su mensaje; continuidad y cumplimiento de profecías; coherencia de conceptos; simbolismos consistentes y sobre todo, verificación arqueológica de lugares, monedas, costumbres y civilizaciones, es base suficiente para creer que existe una intervención sobrenatural en su producción. Todo esto sin mencionar que la Biblia ha sido un libro perseguido. A lo largo de la historia de la humanidad encontraremos innumerables episodios en que la Biblia fue perseguida, prohibida, puesta en duda, desautorizada y hasta quemada. Siempre hubo organizaciones (políticas, religiosas, sociales, etc.) que trataron con todas sus fuerzas y recursos de borrar la Biblia de sobre la faz de la tierra. No obstante, por la gracia de Dios, hoy la tenemos tan vigente como antes (quizás más vigente que nunca).

El valor de la Palabra de Dios es tal, que el capítulo más largo de la Biblia (Salmo 119) está completamente dedicado a ella. La Palabra es el arma más poderosa con la que puedes contar para enfrentar los ataques del enemigo.

2. La Biblia: Un arma espiritual

Mi conciencia está cautiva a la Palabra de Dios.
Martín Luterno
(Sacerdote alemán, profesor de teología y reformador,
1483 – 1546)

Una escopeta que te pueda salvar del ataque de un león no te sirve de nada si estas en medio de la selva y la dejaste en tu casa. Espiritualmente, necesitas tener el arma al alcance de tu mano. Esto lo logras memorizando las Sagradas Escrituras. Aquí es donde entra el estudio de la Palabra de Dios como una disciplina espiritual que consiste en la lectura y el estudio constante y sistemático de la Biblia. Es un estudio que no termina, por lo tanto es una disciplina que nunca concluye. Tenemos un buen ejemplo de esto cuando el Apóstol Pablo da instrucciones a Timoteo (2 Timoteo 4:13) de que le lleve "los libros, mayormente los pergaminos"; ¡y Pablo estaba aguardando el momento en que sería ejecutado!

Cuando memorizas porciones de la Palabra, haces que el mensaje que está en el exterior (la Biblia) entre a tu interior (la mente), y así pase a formar parte de tu ser (el corazón). Cuando eso sucede, literalmente posees la Palabra; deja de ser un elemento extraño a ti para convertirse en una porción de lo que posees y de lo que eres como persona.

De este modo tienes el arma *al alcance*. No necesitas hacer nada más para alcanzar la Palabra, porque la llevas dentro, forma parte de tus recuerdos, tus valores y de tu ser.

3. LA BIBLIA: INSPIRACIÓN Y FUNCIÓN

No te preocupes por lo que no entiendes de la Biblia.
Preocúpate por aquello que entiendes,
y no aplicas a tu vida.
Corrie Ten Boom
(Cristiana holandesa que ayudó a muchos judíos a escaper
del Holocausto Nazi *durante la Segunda Guerra Mundial,*
1892 – 1983)

Ya Dios se reveló. Su revelación es la Biblia. El Señor no se contradice. Entonces, la revelación básica, primaria y general a partir de la cual surge cualquier otra revelación particular, es la Biblia.

Inspiración, función y propósito

> TODA LA ESCRITURA ES INSPIRADA POR DIOS, Y ÚTIL PARA ENSEÑAR, PARA REDARGÜIR, PARA CORREGIR, PARA INSTRUIR EN JUSTICIA, A FIN DE QUE EL HOMBRE DE DIOS SEA PERFECTO, ENTERAMENTE PREPARADO PARA TODA BUENA OBRA. (2 TIMOTEO 3:16-17)

La Biblia es *inspirada* por Dios mismo. Hay que destacar que dice *inspirada* y no *dictada*. El diccionario

Larousse define la palabra *inspiración* como un *entusiasmo creador*; también la define como *la entrada del aire en los pulmones*. De hecho, la palabra original en griego para la frase "inspirada por Dios" sugiere la "respiración de Dios". Dios "respiró" un "entusiasmo creador" a los escritores bíblicos. Entonces, hay una diferencia entre "inspirar" y "dictar". Cuando un escrito es dictado, quien escribe no aporta nada a lo que se escribe, excepto, claro está, su letra. Pero el lenguaje, el estilo y la intención que refleja el escrito pertenecen al que dicta. No así con la inspiración. Dios sopló su revelación en el espíritu de los escritores bíblicos; pero permitió la libertad de que cada uno aportara al mensaje con su lenguaje, su trasfondo y su estilo. De esta manera se produjo una obra única en su clase: un libro infalible escrito por personas falibles. Solo Dios puede hacer algo así. El texto de Timoteo dice *toda la Escritura,* no solo una parte o los milagros o las historias de victoria; TODA la Biblia es inspirada. Todo lo que ha sido escrito en la Palabra de Dios tiene una razón de ser y un propósito que cumplir en el corazón del ser humano.

Esta Palabra inspirada tiene una función múltiple:

- Enseñar
- Redargüir
- Corregir
- Instruir

Estos son los efectos que produce la Palabra de Dios cuando te acercas a ella con un corazón abierto y una mente dispuesta a ser moldeada.

La función múltiple que cumple la Biblia en tu vida, tiene un propósito. Este propósito es que, si sirves a Dios seas:

- Perfecto
- Enteramente preparado

Dios tiene interés en que alcances tu máximo potencial posible. Dios puede (y quiere) llevarte tan lejos como estés dispuesto a ir. Él no quiere que te conformes con lo bueno, si puedes tener lo mejor. El estudio de la Palabra hace la gran diferencia entre un cristiano mediocre, derrotado y aburrido y un creyente de excelencia, en victoria y con gozo. Sin embargo, lo que el Señor quiere darte a través de Su Palabra va mucho más allá que llenar tu vida espiritual. Esa *perfección* y esa *preparación* tienen una razón de ser. En 2 Timoteo 3:17 dice:

> ... A FIN DE QUE EL HOMBRE (*Y LA MUJER*) DE DIOS SEA PERFECTO,
> ENTERAMENTE PREPARADO PARA TODA BUENA OBRA.

Hay una obra que debe hacerse; la obra de Dios. El Espíritu Santo no espera que seas un mero recipiente del conocimiento divino de la Palabra, sino que anhela una acción de tu parte.

4. LA BIBLIA: SUS CARACTERÍSTICAS

La Biblia no es un mero libro, sino una creación viviente,
con el poder que vence a todo cuanto se le opone.
Napoleón Bonaparte
(Militar francés y líder político, 1769 – 1821)

Es eterna

La Palabra de Dios tiene eternidad en sí misma. La eternidad de la Palabra consiste en el mensaje que contiene, la intención con que se dice, el compromiso que afirma y los decretos que dictamina. Isaías 40:8 dice: "Sécase la hierba, marchítase la flor; mas la Palabra del Dios nuestro permanece para siempre." No está sujeta a condiciones humanas; no depende de si crees en ella o no. En otras palabras: lo que Dios dice, ES; independientemente de que lo creas o no, lo entiendas o no, de que estés consciente de ello o no. En el Nuevo Testamento Jesús reafirmó esta característica de la Palabra, en Mateo 24:35: "El cielo y la tierra pasarán, pero mis palabras no pasarán".

Trae paz

En momentos de angustia y agitación puedes encontrar paz cuando acudes a la Palabra de Dios. El Salmo 119:165 dice: "Mucha paz tienen los que aman tu ley, y no hay para ellos tropiezo."

Sana

En Mateo 8:5-13 se registra una historia interesante. Un centurión se acerca a Jesús para pedir que sane a su sirviente. Cuando el Maestro se dispone a ir a la casa del centurión, éste le detiene diciendo que no es digno de que el Señor entre en su casa. Este hombre, sin embargo, comprendía muy bien el poder de la Palabra del Señor. El versículo 8 registra que el centurión dice a Jesús: "Solamente di la palabra, y mi criado sanará." ¡Hasta Jesús se maravilló de la fe tan grande de este hombre! Este centurión sabía que la Palabra de Dios no la detiene la distancia ni el tiempo; para recibir el milagro que vino a buscar sólo necesitó la Palabra. La sanidad ya fue decretada: "Ciertamente llevó Él nuestras enfermedades, y sufrió nuestros dolores;… y por su llaga fuimos nosotros curados" (Isaías 53:4-5). Ya la Biblia lo dijo; a ti como creyente solamente te resta, como el centurión, creer que esa Palabra es suficiente.

Alumbra el camino

Dios te ha entregado un "mapa" perfecto del camino que debes seguir; no solamente te entregó el "mapa" sino que te alumbra el camino correcto. El Salmo 119:105 dice que la Palabra es una lámpara a nuestros pies que alumbra el camino.

Da sabiduría

Mi tía (quien ahora mora con el Señor), hermana de mi madre, no alcanzó a completar la escuela primaria. Según me cuenta mi madre, esta tía enseñaba la escuela bíblica de su iglesia (una iglesia bastante grande, por cierto) en donde asistían personas de todas clases sociales, incluyendo profesionales con altos grados académicos. ¿Cómo era posible? Mi tía, una hermosa mujer de Dios, tenía una buena disciplina de estudio de la Palabra. De hecho, en muchos de mis recuerdos de infancia tengo la imagen de mi abuela, mi tía y mi madre leyendo la Palabra de Dios, cada una de ellas en diferentes momentos de mi niñez. Fueron el ejemplo que sembró en mi corazón el amor por la Palabra de Dios. No fue un accidente que ellas tuvieran tanta sabiduría. El Salmo 119:130 dice:

"LA EXPOSICIÓN DE TUS PALABRAS ALUMBRA; HACE ENTENDER A LOS SIMPLES". CUANDO, COMO CREYENTE, TE SIENTES FALTO DE SABIDURÍA, PROBABLEMENTE NECESITAS EXPONERTE A LA BIBLIA. PABLO LE DICE AL JOVEN TIMOTEO QUE LAS SAGRADAS ESCRITURAS LE PUEDEN HACER SABIO (2 TIMOTEO 3:15).

Cumple la misión divina

La Biblia cumple con la misión divina de revelar a Dios. Ninguna palabra que sale de la boca de Dios es estéril ni regresa sin fruto. La revelación de Dios en Su Palabra es tan vasta que a través de ella es que llegas a conocer los atributos y personalidad de Dios.

La lectura de la Biblia es parte integral de la intimidad que debes cultivar con el Señor. Isaías 55:11 dice: "Así será mi palabra que sale de mi boca; no volverá a mí vacía, sino que hará lo que yo quiero, y será prosperada en aquello para que la envié."

Alimenta el espíritu

Durante la tentación de Jesús (Mateo 4:4), el Maestro dijo a Satanás que el ser humano no vive únicamente de pan, sino que también se alimenta de la Palabra de Dios. Esto es un principio espiritual: tú necesitas alimentar tu espíritu tanto o más que tu físico. Aunque el cuerpo físico esté en excelente condición, si la vida no es alimentada espiritualmente, está muerta.

Tiene poder contra Satanás

Aunque este punto ya se discutió al inicio, pienso que vale la pena reforzarlo. La Palabra de Dios es el arma más poderosa con la que puedes contar para enfrentar a Satanás. Jesús lo demostró en su enfrentamiento con el enemigo registrado en Mateo 4. Aunque, como creyente tienes muchas armas espirituales que puedes utilizar contra el diablo (oración, alabanza, ayuno, etc.), la Palabra es el arma por excelencia. Cuando Jesús enfrenta la tentación que le presenta Satanás, lo que hizo fue citar la Palabra; Él le habló la Palabra a Satanás. El Señor no comenzó a orar ni a ayunar, esas armas las usó previo al encuentro, en el periodo de preparación. En Efesios 6:17

el apóstol Pablo la llama "la espada del Espíritu". La Palabra está respaldada por el Espíritu Santo de Dios. Cuando una vida en Cristo carece de poder contra las acechanzas satánicas, seguramente ha descuidado la disciplina del estudio de la Palabra.

Tu acercamiento correcto a la Palabra de Dios se puede resumir en tres verbos:

Escudriñar:

LA PALABRA DE DIOS SE ESCUDRIÑA (2 TIMOTEO 3:16-17), SE ESTUDIA. NO PUEDES VIVIR NI HABLAR DE LO QUE NO CONOCES.

Practicar:

LA PALABRA DE DIOS SE VIVE. NO PUEDES SER SOLAMENTE OIDOR DE LA PALABRA, SINO HACEDOR. (SANTIAGO 1:21-25)

Predicar:

LA PALABRA DE DIOS SE PREDICA. TIENES QUE COMPARTIR LO HAS RECIBIDO. (ROMANOS 10:14-15)

5. Planes de lectura de la Biblia

*Es imposible gobernar rectamente al mundo sin
Dios y sin la Biblia.*
George Washington
*(Primer presidente de los Estados Unidos de América,
1732 – 1799)*

¿Te ha ocurrido que en ocasiones, cuando estás leyendo algo en silencio, la mente esta pensando en otra cosa completamente distinta al mismo tiempo que lees? Esto retrasa la lectura ya que tienes que leer nuevamente porque no recuerdas lo que acabas de leer. Una manera de ayudar a contrarrestar esto es leyendo en voz alta. La lectura pública, en voz alta, la vemos en los tiempos bíblicos.

Nehemías 8:2 dice: "Así que el día primero del mes séptimo, el sacerdote Esdras llevó la ley ante la asamblea, que estaba compuesta de hombres y mujeres y de todos los que podían comprender la lectura" (NVI). Más adelante, en el versículo 8 dice que: "leían con claridad el libro de la ley de Dios y lo interpretaban de modo que se comprediera su lectura" (NVI).

En el Nuevo Testamento encontramos a Pablo exhortando al joven pastor Timoteo, diciéndole: 'En tanto que llego, dedicate a la lectura pública de las Escrituras, y a enseñar y animar a los hermanos" (1 Timoteo 4:13; NVI).

Cuando lees en voz alta

- ❖ Tienes major concentración. Tu mente estará enfocada en una doble concentración, leer y escucharte. Ayudará a tu mente a no enfocarse en otras cosas sino solamente en lo que estás leyendo.

- ❖ Usas la imaginación. La mente tendrá más tiempo para visualizar todo lo que está leyendo y escuchando. La imaginación tendrá más combustible para alimentarse.

- ❖ Aportas conocimientos conceptuales (colores, formas, sonidos, letras, números). Por causa de usar más imaginación.

- ❖ Visualizas lo que lees. Al leer en voz alta, tiendes a respetar los puntos, las comas, signos de interrogación, signos de admiración, etc. En la lectura silenciosa esto se hace menos; al respetar la puntación -en esos descansos- darás más realidad y emoción a la lectura, de modo que la imaginación visualice lo que lees.

❖ Recordarás más fácilmente. Por el hecho de que alimentas la lectura -no solo con el leer sino con el escuchar e imaginar- es una ayuda mayor para recordar lo que lees. Tienes mayor fuente de información.

❖ Alimentarás más tu fe. "Así que la fe es por el oír, y el oír, por la palabra de Dios." (Ro 10:17)

❖ Serás más efectivo en la lectura pública. Ese tipo de lectura publica que trasmite emociones, realidad, y que ayuda a la gente a comprender.

A continuación encontrarás algunos modelos para la lectura de la Biblia. La intención de los modelos es ayudar a que organices tu lectura de manera estructurada, creando una disciplina que te facilite cierto orden en tu devoción diaria.

No hay una "manera correcta" de leer la Biblia, en términos de modelo. Cada persona es diferente y disfruta de la lectura de manera diferente.

Te invito a revisar los 7 modelos sugeridos a continuación y escoger el que más te guste. Incluso, puedes crear tu propio modelo de lectura. Lo importante es que saques un tiempo diario de lectura bíblica.

PLANES DE LECTURA DE ANTIGUO Y NUEVO TESTAMENTO

Cuando el país suyo y el mío obren a una en conformidad con las enseñanzas que Cristo estableció en este Sermón del Monte, habremos resuelto no solo los problemas de nuestros países, sino los del mundo entero".

Gandhi

(Llevó a India a la independencia e inspiró movimientos de derechos civiles y libertad a través del mundo, 1869 – 1948)

PLAN 1: LECTURA EQUILIBRADA

Este es un plan sencillo que te sugiere hacer una lectura equilibrada, que incluya pasajes del Antiguo y el Nuevo Testamento, hasta leer toda la Biblia.

Coloca un marcador en tres lugares de la Biblia: **Génesis**, **Job** y **Mateo**. Leyendo **un capitulo por día de cada una de esas secciones** (3 capítulos en total por día), podrás leer **una vez** todo el Antiguo Testamento y **dos veces** todo el Nuevo en aproximadamente 18 meses.

PLAN 2: UN CAPÍTULO DIARIO

Lee **un capitulo de la Biblia por día**. Leerás toda la Biblia en 3 años y 3 meses.

PLAN 3: LECTURA 3 Y 5

Lee **3 capítulos de la Biblia de lunes a sábado** y **5 capítulos los domingos**. Completarás la lectura de la Biblia en menos de un año.

PLAN 4: LECTURA POR GRUPO DE LIBROS

Otra sugerencia que combina el Antiguo y Nuevo Testamento es la siguiente:

Enero y febrero: Lee de Génesis a Deuteronomio

Marzo y Abril: Lee todo el Nuevo Testamento

Mayo y Junio: Lee de Josué a Ester

Julio y Agosto: Lee de Job a Cantares

Septiembre y Octubre: Lee otra vez todo el NT

Noviembre y Diciembre: Lee de Isaías a Malaquías

PLAN 5: LECTURA VARIADA DE LA BIBLIA

Este modelo sugiere una lectura diaria que te llevará a pasajes variados de la Biblia, combinando lecturas del Antiguo y el Nuevo Testamento. Siguiendo esta estructura, estarás leyendo un estilo literario diferente cada día, hasta cubrirlos todos. Siguiendo este modelo leerás toda la Biblia en un año (52 semanas), de la siguiente manera:

Lunes - Ley

Martes – Historia

Miércoles – Salmos

Jueves – Poesía

Viernes – Profecía

Sábado – Epístolas

Domingo - Evangelios

SEMANAS 1-5

Sem	Ley	Historia	Salmos	Poesía	Prof.	Epíst.	Evang.
	Lunes	Martes	Miércoles	Jueves	Viernes	Sábado	Domingo
1	Gen 1-3	Josué 1-5	Salmos 1-2	Job 1-2	Isaías 1-6	Rom 1-2	Mateo 1-2
2	Gen 4-7	Josué 6-10	Salmos 3-5	Job 3-4	Isaías 7-11	Rom 3-4	Mateo 3-4
3	Gen 8-11	Josué 11-15	Salmos 6-8	Job 5-6	Isaías 12-17	Rom 5-6	Mateo 5-7
4	Gen 12-15	Josué 16-20	Salmos 9-11	Job 7-8	Isaías 18-22	Rom 7-8	Mateo 8-10
5	Gen 16-19	Josué 21-24	Salmos 12-14	Job 9-10	Isaías 23-28	Rom 9-10	Mateo 11-13

SEMANAS 6-10

Sem	Ley	Historia	Salmos	Poesía	Prof.	Epíst.	Evang.
	Lunes	Martes	Miércoles	Jueves	Viernes	Sábado	Domingo
6	Gen 20-23	Jueces 1-6	Salmos 15-17	Job 11-12	Isaías 29-33	Rom 11-12	Mateo 14-16
7	Gen 24-27	Jueces 7-11	Salmos 18-20	Job 13-14	Isaías 34-39	Rom 13-14	Mateo 17-19
8	Gen 28-31	Jueces 12-16	Salmos 21-23	Job 15-16	Isaías 40-44	Rom 15-16	Mateo 20-22
9	Gen 32-35	Jueces 17-21	Salmos 24-26	Job 17-18	Isaías 45-50	1 Cor 1-2	Mateo 23-25
10	Gen 36-39	Rut	Salmos 27-29	Job 19-20	Isaías 51-55	1 Cor 3-4	Mateo 26-28

SEMANAS 11-15

Sem	Ley	Historia	Salmos	Poesía	Prof.	Epíst.	Evang.
	Lunes	Martes	Miércoles	Jueves	Viernes	Sábado	Domingo
11	Gen 40-43	1 Sam 1-5	Salmos 30-32	Job 21-22	Isaías 56-61	1 Cor 5-6	Marcos 1-2
12	Gen 44-47	1 Sam 6-10	Salmos 33-35	Job 23-24	Isaías 62-66	1 Cor 7-8	Marcos 3-4
13	Gen 48-50	1 Sam 11-15	Salmos 36-38	Job 25-26	Jerem 1-6	1 Cor 9-10	Marcos 5-6
14	Ex 1-4	1 Sam 16-20	Salmos 39-41	Job 27-28	Jerem 7-11	1 Cor 11-2	Marcos 7-8
15	Ex 5-8	1 Sam 21-25	Salmos 42-44	Job 29-30	Jerem 12-16	1 Cor 13-14	Marcos 9-10

SEMANAS 16-20

Sem	Ley	Historia	Salmos	Poesía	Prof.	Epíst.	Evang.
	Lunes	Martes	Miércoles	Jueves	Viernes	Sábado	Domingo
16	Ex 9-12	1 Sam 26-31	Salmos 45-47	Job 31-32	Jerem 17-21	1 Cor 15-16	Marcos 11-12
17	Ex 13-16	2 Sam 1-4	Salmos 48-50	Job 33-34	Jerem 22-26	2 Cor 1-3	Marcos 13-14
18	Ex 17-20	2 Sam 5-9	Salmos 51-53	Job 35-36	Jerem 27-31	2 Cor 4-5	Marcos 15-16
19	Ex 21-24	2 Sam 10-14	Salmos 54-56	Job 37-38	Jerem 32-36	2 Cor 6-8	Lucas 1-2
20	Ex 25-28	2 Sam 15-19	Salmos 57-59	Job 39-40	Jerem 37-41	2 Cor 9-10	Lucas 3-4

SEMANAS 21-25

Sem	Ley	Historia	Salmos	Poesía	Prof.	Epíst.	Evang.
	Lunes	Martes	Miércoles	Jueves	Viernes	Sábado	Domingo
21	Ex 29-32	2 Sam 20-24	Salmos 60-62	Job 41-42	Jerem 42-46	2 Cor 11-13	Lucas 5-6
22	Ex 33-36	1 Rey 1-4	Salmos 63-65	Prov 1	Jerem 47-52	Gal 1-3	Lucas 7-8
23	Ex 37-40	1 Rey 5-9	Salmos 66-68	Prov 2-3	Lament	Gal 4-6	Lucas 9-10
24	Lev 1-3	1 Rey 10-13	Salmos 69-71	Prov 4	Ezeq 1-6	Efes 1-3	Lucas 11-12
25	Lev 4-6	1 Rey 14-18	Salmos 72-74	Prov 5-6	Ezeq 7-12	Efes 4-6	Lucas 13-14

SEMANAS 26-30

Sem	Ley	Historia	Salmos	Poesía	Prof.	Epíst.	Evang.
	Lunes	Martes	Miércoles	Jueves	Viernes	Sábado	Domingo
26	Lev 7-9	1 Rey 19-22	Salmos 75-77	Prov 7	Ezeq 13-18	Filip 1-2	Lucas 15-16
27	Lev 10-12	2 Rey 1-5	Salmos 78-80	Prov 8-9	Ezeq 19-24	Filip 3-4	Lucas 17-18
28	Lev 13-15	2 Rey 6-10	Salmos 81-83	Prov 10	Ezeq 25-30	Col 1-2	Lucas 19-20
29	Lev 16-18	2 Rey 11-15	Salmos 84-86	Prov 11-12	Ezeq 31-36	Col 3-4	Lucas 21-22
30	Lev 19-21	2 Rey 16-20	Salmos 87-89	Prov 13	Ezeq 37-42	1 Tes 1-3	Lucas 23-24

SEMANAS 31-35

Sem	Ley	Historia	Salmos	Poesía	Prof.	Epíst.	Evang.
	Lunes	Martes	Miércoles	Jueves	Viernes	Sábado	Domingo
31	Lev 22-24	2 Rey 21-25	Salmos 90-92	Prov 14-15	Ezeq 43-48	1 Tes 4-5	Juan 1-2
32	Lev 25-27	1 Crón 1-4	Salmos 93-95	Prov 16	Dan 1-6	2 Tes	Juan 3-4
33	Num 1-4	1 Crón 5-9	Salmos 96-98	Prov 17-18	Dan 7-12	1 Tim 1-3	Juan 5-6
34	Num 5-8	1 Crón 10-14	Salmos 99-101	Prov 19	Oseas 1-7	1 Tim 4-6	Juan 7-9
35	Num 9-12	1 Crón 15-19	Salmos 102-104	Prov 20-21	Oseas 8-14	2 Tim 1-2	Juan 10-12

SEMANAS 36-40

Sem	Ley	Historia	Salmos	Poesía	Prof.	Epíst.	Evang.
	Lunes	Martes	Miércoles	Jueves	Viernes	Sábado	Domingo
36	Num 13-16	1 Crón 20-24	Salmos 105-107	Prov 22	Joel	2 Tim 3-4	Juan 13-15
37	Num 17-20	1 Crón 25-29	Salmos 108-110	Prov 23-24	Amos 1-4	Tito	Juan 16-18
38	Num 21-24	2 Crón 1-5	Salmos 111-113	Prov 25	Amos 5-9	Filem	Juan 19-21
39	Num 25-28	2 Crón 6-10	Salmos 114-116	Prov 26-27	Abdías	Heb 1-4	Hech 1-2
40	Num 29-32	2 Crón 11-15	Salmos 117-118	Prov 28	Jonás	Heb 5-7	Hech 3-4

SEMANAS 41-46

Sem	Ley	Historia	Salmos	Poesía	Prof.	Epíst.	Evang.
	Lunes	Martes	Miércoles	Jueves	Viernes	Sábado	Domingo
41	Num 33-36	2 Crón 16-20	Salmos 119	Prov 29-30	Miq	Heb 8-10	Hech 5-6
42	Deut 1-3	2 Crón 21-24	Salmos 120-121	Prov 31	Nahúm	Heb 11-13	Hech 7-8
43	Deut 4-6	2 Crón 25-28	Salmos 122-124	Eclesi 1-2	Habac	Sant 1-3	Hech 9-10
44	Deut 7-9	2 Crón 29-32	Salmos 125-127	Eclesi 3-4	Sofon	Sant 4-5	Hech 11-12
45	Deut 10-12	2 Crón 33-36	Salmos 128-130	Eclesi 5-6	Hageo	1 Ped 1-3	Hech 13-14
46	Deut 13-15	Esdras 1-6	Salmos 131-133	Eclesi 7-8	Zac 1-7	1 Ped 4-5	Hech 15-16

SEMANAS 47-52

Sem	Ley	Historia	Salmos	Poesía	Prof.	Epíst.	Evang.
	Lunes	Martes	Miércoles	Jueves	Viernes	Sábado	Domingo
47	Deut 16-19	Esdras 6-10	Salmos 134-136	Eclesi 9-10	Zac 8-14	2 Ped	Hech 17-18
48	Deut 20-22	Nehem 1-4	Salmos 137-139	Eclesi 11-12	Malaq	1 Juan 1-3	Hech 19-20
49	Deut 23-25	Nehem 5-9	Salmos 140-142	Cant 1-2	Apoc 1-6	1 Juan 4-5	Hech 21-22
50	Deut 26-28	Nehem 10-13	Salmos 143-145	Cant 3-4	Apoc 7-11	2 Juan	Hech 23-24
51	Deut 29-31	Ester 1-5	Salmos 146-148	Cant 5-6	Apoc 12-17	3 Juan	Hech 25-26
52	Deut 32-34	Ester 6-10	Salmos 149-150	Cant 7-8	Apoc 18-22	Judas	Hech 27-28

PLAN 6: LECTURA CRONOLÓGICA DE LA BIBLIA

En este modelo se realiza una lectura cronológica; en el orden en que ocurre la historia bíblica.

SEMANAS 1-5

Sem	Lun	Mar	Miér	Jue	Vie	Sáb	Dom
1	Gen 1-3	Gen 4-7	Gen 6-11	Job 1-5	Job 6-9	Job 10-13	Job 14-16
2	Job 17-20	Job 21-23	Job 24-28	Job 29-31	Job 32-34	Job 35-37	Job 38-39
3	Job 40-42	Gen 12-15	Gen 16-18	Gen 19-21	Gen 22-24	Gen 25-26	Gen 27-29
4	Gen 30-31	Gen 32-34	Gen 35-37	Gen 38-40	Gen 41-42	Gen 43-45	Gen 46-47
5	Gen 48-50	Exod 1-3	Exod 4-6	Exod 7-9	Exod 10-12	Exod 13-15	Exod 16-18

SEMANAS 6-10

Sem	Lun	Mar	Miér	Jue	Vie	Sáb	Dom
6	Exod 19-21	Exod 22-24	Exod 25-27	Exod 28-29	Exod 30-32	Exod 33-35	Exod 36-38
7	Exod 39-40	Lev 1-4	Lev 5-7	Lev 8-10	Lev 11-13	Lev 14-15	Lev 16-18
8	Lev 19-21	Lev 22-23	Lev 24-25	Lev 26-27	Num 1-2	Num 3-4	Num 5-6
9	Num 7	Num 8-12	Num 11; 13	Num 14-15 Sal 90	Num 16-17	Num 18-20	Num 21-22
10	Num 23-25	Num 26-27	Num 29-30	Num 31-32	Num 33-34	Num 35-36	Deut 1-2

SEMANAS 11-15

Sem	Lun	Mar	Miér	Jue	Vie	Sáb	Dom
11	Deut 3-4	Deut 5-7	Deut 8-10	Deut 11-13	Deut 14-16	Deut 17-20	Deut 21-23
12	Deut 24-27	Deut 28-29	Deut 30-31	Deut 32-34 Sal 91	Josué 1-4	Josué 5-8	Josué 9-11
13	Josué 12-15	Josué 16-18	Josué 19-21	Jos 22-24	Jue 1-2	Jue 3-5	Jue 6-7
14	Jue 8-9	Jue 10-12	Jue 13-15	Jue 16-18	Jue 19-21	Rut	1 Sam 1-3
15	1Sam 4-8	1Sam 9-12	1Sam 13-14	1Sam 15-17	1Sam 18-20 Salmo 11 y 59	1Sam 21-24	Salmo 7, 27,31, 34,52

SEMANAS 16-20

Sem	Lun	Mar	Miér	Jue	Vie	Sáb	Dom
16	Sal 56, 120,140-142	1Sam 25-27	Salmo 17,35, 54, 63	1Sam 28-31 Sal 18 1 Cro 10	Salmo 121,123 -125, 128-130	2 Sam 1-4	Sal 6, 8- 10,14, 16,19, 21
17	1 Cro 1-2	Sal 43,44 45,49 84,85,87	1 Cro 3-5	Sal 73, 77-78	1 Cro 6	Sal 81,88 92,93	1 Cro 7-10
18	Salmo 102-104	2 Sam 5:10 1 Cro 11-12	Salmo 133	Sal 106-107	2 Sam 5:11- 6:23 1 Cro 13-16	Sal 1-2, 15,22- 24, 47,68	Sal 89, 96, 100-101, 105, 132
19	2 Sam 7 1 Cro 17	Sal 25, 29,33,36 ,39	2 Sam 8-9 1 Cro 16	Sal 50,53, 60, 75	2 Sam 10 1 Cro 19 Sal 20	Sal 65-67 69-70	2 Sam 11-12 1 Cro 20
20	Sal 32,51,86, 122	2 Sam 13-15	Sal 3-4, 12-13, 28, 55	2 Sam 16-18	Sal 26,40, 58,61, 62, 64	2 Sam 19-21	Sal 5, 38, 41, 42

Sem	Lun	Mar	Miér	Jue	Vie	Sáb	Dom
21	2 Sam 22-23, 57	Sal 95, 97-99	2 Sam 24 1 Cro 21-22 Sal 30	Sal 108-110	1 Cro 23-25	Sal 131, 138, 139, 143-145	1 Cro 26-29 Sal 127
22	Sal 111-118	1 Reyes 1-2 Sal 37, 71, 94	Sal 119:1-88	1 Rey 3-4 2Cro 1 Sal 72	Sal 119:89-176	Cant	Prov 1-3
23	Prov 4-6	Prov 7-9	Prov 10-12	Prov 13-15	Prov 16-18	Prov 19-21	Prov 22-24
24	1 Rey 5-6 2Cro 2-3	1 Rey 7 2Cro 4	1Rey 8 2Cro 5	2Cro 6-7 Sal 136	Sal 134, 146-150	1Rey 9 2Cro 8	Prov 25-26
25	Prov 27-29	Ecle 1-6	Ecle 7-12	1Rey 10-11 2Cro 9	Prov 30-31	1Rey 12-14	2Cro 10-12

Semanas 26-30

Sem	Lun	Mar	Miér	Jue	Vie	Sáb	Dom
26	1Rey 15:1-24 2Cro 13-16	1Rey 15:25- 16:34 2Cro 17	1Rey 17-19	1Rey 20-21	1Rey 22 2Cro 18	2Cro 19-23	Abdías Sal 82-83
27	2Rey 1-4	2Rey 5-8	2Rey 9-11	2Rey 12-13 2Cro 24	2Rey 14 2Cro 25	Jonás	2Rey 15 2Cro 26
28	Isa 1-4	Isa 5-8	Am 1-5	Am 6-9	2Cro 27 Isa 9-12	Miqueas	2Cro 28 2Rey 16-17
29	Isa 13-17	Isa 18-22	Isa 23-27	2Rey 18:1-8 2Cro 29-31 Sal 48	Oseas 1-7	Oseas 8-14	Isa 28-30
30	Isa 31-34	Isa 35-36	Isa 37-39 Sal 76	Isa 40-43	Isa 44-48	2Rey 18:9- 19:37 Sal 46,80, 135	Isa 49-53

SEMANAS 31-35

Sem	Lun	Mar	Miér	Jue	Vie	Sáb	Dom
31	Isa 54-58	Isa 59-62	Isa 64-66	2 Rey 20-21	2 Cro 32-33	Nahúm	2Rey 22-23 2Cro 34-35
32	Sofonías	Jerem 1-3	Jerem 4-6	Jerem 7-9	Jerem 10-13	Jerem 14-17	Jerem 18-22
33	Jerem 23-25	Jerem 26-29	Jerem 30-31	Jerem 32-34	Jerem 35-37	Jerem 38-40 Sal 74, 79	2Rey 24-25 2Cro 36
34	Habacuc	Jerem 41-45	Jerem 46-48	Jerem 49-50	Jerem 51-52	Lam 1:1-3; 36	Lam 3:37- 5:22
35	Ezeq 1-3	Ezeq 5-8	Ezeq 9-12	Ezeq 13-15	Ezeq 16-17	Ezeq 18	Ezeq 19

SEMANAS 36-40

Sem	Lun	Mar	Miér	Jue	Vie	Sáb	Dom
36	Ezeq 20	Ezeq 21	Ezeq 22-23	Ezeq 24-27	Ezeq 28-31	Ezeq 32-34	Ezeq 35-37
37	Ezeq 38-39	Ezeq 40-41	Ezeq 42-43	Ezeq 44-45	Ezeq 46-48	Joel	Daniel 1-3
38	Dan 4-6	Dan 7-9	Dan 10-12	Esd 1-3	Esd 4-6 Sal 137	Hageo	Zac 1-7
39	Zac 8-14	Est 1-5	Est 6-10	Esd 7-10	Nehe 1-5	Lam 3:37- 5:22	Nehe 6-7
40	Nehe 11-13 Sal 126	Malaq	Luc 1 Juan 1:1-14	Mat 2 Luc 2:39- 52	Mateo 3 Marc 1 Lucas 3	Mat 4 Luc 4-5 Juan 1:15-51	Juan 2-4

SEMANAS 41-46

Sem	Lun	Mar	Miér	Jue	Vie	Sáb	Dom
41	Mat 8-9 Marc 2	Juan 5	Mat 12:1-21 Marc 3 Luc 6	Mat 5-7	Mat 8:1-13 Luc 7	Mat 11	Mat 12:22-50 Luc 11
42	Mat 13 Luc 8	Mat 8:14-34 Marc 4-5	Mat 9-10	Mat 14 Marc 6 Luc 9:1-17 Juan 6	Mat 15 Marc 7	Mat 16 Marc 8 Luc 9:18-27	Mat 17 Marc 9 Luc 9:28-62
43	Mat 18	Juan 9:1-10:21	Luc 10-11 Juan 10:22-42	Luc 12-13	Luc 14-15	Luc 16-17:10	Juan 11
44	Luc 17:11-18:14	Mat 19 Marc 10	Mat 20-21	Luc 18:15-19:48	Marc 11 Juan 12	Mat 22 Marc 12	Mat 23 Luc 20-21
45	Marc 13	Mat 24	Mat 25	Mat 26 Marc 14	Luc 22 Juan 13	Juan 14-17	Mat 27 Marc 15
46	Luc 23 Juan 18-19	Mat 28 Marc 16	Luc 24 Juanm 20-21	Hech 1-3	Hech 4-6	Hech 7-8	Hech 9-10

39

SEMANAS 47-52

Sem	Lun	Mar	Miér	Jue	Vie	Sáb	Dom
47	Hech 11-12	Hech 13-14	Sant	Hech 15-16	Gal 1-3	Gal 4-6	Hech 17-18:18
48	1 y 2 Tesal	Hech 18:19-19:41	1Corin 1-4	1Cor 5-8	1Cor 9-11	1Cor 12-14	1Cor 15-16
49	2Cor 1-4	2Cor 5-9	2Cor 10-13	Hech 20:1-3 Rom 1-3	Rom 4-7	Rom 8-10	Rom 11-13
50	Rom 14-16	Hech 20:4-23:35	Hech 24-26	Hech 27-28	Col Filem	Efesios	Filip
51	1 Tim	Tito	1 Ped	Heb 1-6	Heb 7-10	Heb 11-13	2 Tim
52	2 Ped Judas	1 Juan	2 Juan 3 Juan	Apo 1-5	Apo 6-11	Apo 12-18	Apo 19-22

PLAN 7: LECTURA EN ORDEN DE LOS LIBROS DE LA BIBLIA

Este es un modelo sencillo que sigue el orden en que están compilados los libros de la Biblia. Ofrece una distribución diaria de lecturas para completar la lectura total de la Biblia en 52 semanas (1 año).

SEMANAS 1-5

Sem	Lun	Mar	Miér	Jue	Vie	Sáb	Dom
1	Gen 1-3	Gen 4-7	Gen 8-11	Gen 12-16	Gen 17-19	Gen 20-23	Gen 24-25
2	Gen 26-28	Gen 29-30	Gen 31-33	Gen 34-36	Gen 37-39	Gen 40-42	Gen 43-45
3	Gen 46-47	Gen 48-50	Ex 1-4	Ex 5-7	Ex 8-10	Ex 11-13	Ex 14-16
4	Ex 17-20	Ex 21-23	Ex 24-27	Ex 28-30	Ex 31-34	Ex 35-37	Ex 38-40
5	Lev 1-4	Lev 5-7	Lev 8-11	Lev 12-14	Lev 15-17	Lev 18-20	Lev 21-23

SEMANAS 6-10

Sem	Lun	Mar	Miér	Jue	Vie	Sáb	Dom
6	Lev 24-25	Lev 26-27	Num 1-2	Num 3-4	Num 5-6	Num 7-8	Num 9-11
7	Num 12-14	Num 15-17	Num 18-20	Num 21-23	Num 24-26	Num 27-30	Num 31-33
8	Num 34-36	Deut 1-2	Deut 3-4	Deut 5-7	Deut 8-11	Deut 12-15	Deut 16-19
9	Deut 20-23	Deut 24-27	Deut 28-29	Deut 30-31	Deut 32-34	Josué 1-4	Josué 5-7
10	Josué 8-10	Josué 11-14	Josué 15-18	Josué 19-21	Josué 22-24	Jueces 1-3	Jueces 4-5

SEMANAS 11-15

Sem	Lun	Mar	Miér	Jue	Vie	Sáb	Dom
11	Jueces 6-8	Jueces 9-11	Jueces 12-15	Juec 16-18	Jueces 19-21	Rut 1-4	1Sam 1-3
12	1Sam 4-7	1Sam 8-10	1Sam 11-13	1Sam 14-15	1Sam 16-17	1Sam 18-20	1Sam 21-24
13	1Sam 25-27	1Sam 28-31	2Sam 1-3	2Sam 4-7	2Sam 8-11	2Sam 12-13	2Sam 14-15
14	2Sam 16-18	2Sam 19-20	2Sam 21-22	2Sam 23-24	1 Rey 1-2	1 Rey 3-5	1 Rey 6-7
15	1 Rey 8-9	1 Rey 10-12	1 Rey 13-15	1 Rey 16-18	1 Rey 19-20	1 Rey 21-22	2 Rey 1-3

SEMANAS 16-20

Sem	Lun	Mar	Miér	Jue	Vie	Sáb	Dom
16	2 Rey 4-5	2 Rey 6-8	2 Rey 9-11	2 Rey 12-14	2 Rey 15-17	2 Rey 16-20	2 Rey 21-23
17	2 Rey 24-25	1Cron 1-2	1Cron 3-5	1Cron 6-7	1Cron 8-10	1Cron 11-13	1Cron 14-16
18	1Cron 17-20	1Cron 21-23	1Cron 24-26	1Cron 27-29	2Cron 1-4	2Cron 5-7	2Cron 8-11
19	2Cron 12-16	2Cron 17-19	2Cron 20-22	2Cron 23-25	2Cron 26-29	2Cron 30-32	2Cron 33-34
20	2Cron 35-36	Esd 1-4	Esd 5-7	Esd 8-10	Nehe 1-4	Nehe 5-7	Nehe 8-10

SEMANAS 21-25

Sem	Lun	Mar	Miér	Jue	Vie	Sáb	Dom
21	Nehe 11-13	Est 1-4	Est 5-10	Job 1-4	Job 5-8	Job 9-12	Job 13-17
22	Job 18-21	Job 22-26	Job 27-30	Job 31-34	Job 35-38	Job 39-42	Sal 1-7
23	Sal 8-14	Sal 15-18	Sal 19-24	Sal 25-30	Sal 31-34	Sal 35-37	Sal 38-42
24	Sal 43-48	Sal 49-54	Sal 55-60	Sal 61-67	Sal 68-71	Sal 72-75	Sal 76-78
25	Sal 79-84	Sal 85-89	Sal 90-95	Sal 96-102	Sal 103-105	Sal 106-108	Sal 109-115

SEMANAS 26-30

Sem	Lun	Mar	Miér	Jue	Vie	Sáb	Dom
26	Sal 116-118	Sal 119	Sal 120-131	Sal 132-138	Sal 139-144	Sal 145-150	Prov 1-3
27	Prov 4-7	Prov 8-10	Prov 11-13	Prov 14-16	Prov 17-19	Prov 20-22	Prov 23-25
28	Prov 26-28	Prov 29-31	Ecle 1-4	Ecle 5-8	Ecle 9-12	Cant 1-4	Cant 5-8
29	Isa 1-3	Isa 4-6	Isa 7-9	Isa 10-13	Isa 14-16	Isa 17-21	Isa 22-25
30	Isa 26-28	Isa 29-31	Isa 32-34	Isa 35-37	Isa 38-39	Isa 40-41	Isa 42-44

SEMANAS 31-35

Sem	Lun	Mar	Miér	Jue	Vie	Sáb	Dom
31	Isa 45-47	Isa 48-50	Isa 51-53	Isa 54-57	Isa 58-60	Isa 61-64	Isa 65-66
32	Jer 1-3	Jer 4-5	Jer 6-8	Jer 9-11	Jer 12-14	Jer 15-17	Jer 18-21
33	Jer 22-23	Jer 24-26	Jer 27-29	Jer 30-31	Jer 32-34	Jer 35-37	Jer 38-41
34	Jer 42-45	Jer 46-48	Jer 49	Jer 50	Jer 51-52	Lam 1-2	Lam 3-5
35	Ezeq 1-4	Ezeq 5-9	Ezeq 10-13	Ezeq 14-16	Ezeq 17-19	Ezeq 20-21	Ezeq 22-23

SEMANAS 36-40

Sem	Lun	Mar	Miér	Jue	Vie	Sáb	Dom
36	Ezeq 24-26	Ezeq 27-28	Ezeq 29-31	Ezeq 32-33	Ezeq 34-36	Ezeq 37-39	Ezeq 40-42
37	Ezeq 43-45	Ezeq 46-48	Dan 1-2	Dan 3-4	Dan 5-6	Dan 7-9	Dan 10-12
38	Oseas 1-4	Oseas 5-9	Oseas 10-14	Joel 1-3	Amós 1-3	Amós 4-6	Amós 7-9
39	Abdías Jonás	Miq 1-4	Miq 5-7	Nah 1-3	Habac 1-3	Sofon 1-3	Hageo 1-2
40	Zac 1-6	Zac 7-10	Zac 11-14	Malaq 1-4	Mat 1-4	Mat 5-7	Mat 8-9

SEMANAS 41-46

Sem	Lun	Mar	Miér	Jue	Vie	Sáb	Dom
41	Mat 10-12	Mat 13-14	Mat 15-17	Mat 18-20	Mat 21-22	Mat 23-24	Mat 25-26
42	Mat 27-28	Marcos 1-3	Marc 4-6	Marc 7-9	Marc 10-13	Marc 14-16	Lucas 1
43	Lucas 2-3	Lucas 4-5	Lucas 6-7	Lucas 8-9	Lucas 10-11	Lucas 12-13	Lucas 14-16
44	Lucas 17-18	Lucas 19-20	Lucas 21-22	Lucas 23-24	Juan 1-3	Juan 4-5	Juan 6-7
45	Juan 8-9	Juan 10-11	Juan 12-13	Juan 14-15	Juan 16-17	Juan 18-19	Juan 20-21
46	Hech 1-2	Hech 3-4	Hech 5-6	Hech 7-8	Hech 9-12	Hech 13-16	Hech 17-19

SEMANAS 47-52

Sem	Lun	Mar	Miér	Jue	Vie	Sáb	Dom
47	Hech 20-23	Hech 24-28	Rom 1-3	Rom 4-7	Rom 8-10	Rom 11-13	Rom 14-16
48	1Corin 1-4	1Corin 5-9	1Corin 10-13	1Cor 14-16	2Cor 1-4	2Cor 5-7	2Cor 8-10
49	2Cor 11-13	Gal 1-3	Gal 4-6	Efes 1-3	Efes 4-6	Filip 1-4	Col 1-4
50	1Tes 1-3	1Tes 4-5	2Tes 1-3	1 Tim 1-6	2 Tim 1-4	Tito Filemón	Heb 1-4
51	Heb 5-7	Heb 8-10	Heb 11-13	Sant 1-5	1 Ped 1-5	2 Ped 1-3	1 Juan 1-5
52	2 Juan 3 Juan Judas	Apoc 1-3	Apoc 4-7	Apoc 8-12	Apoc 13-16	Apoc 17-19	Apoc 20-22

6. ALGUNOS DATOS INTERESANTES SOBRE LA BIBLIA

Es la creencia en la Biblia, el fruto de profunda meditación,
lo que me ha servido de guía de mi vida moral y literaria
Ha sido para mí un capital invertido con seguridad y que
me ha producido abundante interés.
Johann Wolfgang von Goethe
(Escritor alemán, artista, biólogo, médico y erudito. Considerado
el genio supremo de la literature alemana moderna,
1749 – 1832)

- Es el libro más traducido en el mundo; ha sido traducida a 2,454 idiomas[1].

    - Los materiales utilizados para escribir los libros originales de la Biblia[2] fueron papiro y pergamino y tinta (MELAN)[3]

        ESTA TINTA SE ATRIBUYE A LOS CHINOS, UNOS 2500 AÑOS ANTES DE CRISTO. LAS PRIMERAS ESTABAN HECHAS CON TINTURAS VEGETALES NATURALES.

- Es el libro de mayor venta, el más leído y citado en el mundo.[4]

- Hay Biblias para todo presupuesto. Se pueden conseguir versiones de la Biblia gratis, a precios populares, muy costosas e incluso, como piezas de colección. Gracias a la tecnología, la Biblia está accesible de forma gratuita a través del internet y de aplicaciones para artefactos móviles.

- La Biblia se escribió en tres idiomas: hebreo, arameo y griego.[5]

- Se escribió en tres continentes: Europa, Asia y Africa.

- Se escribió en un lapso de 1500 años (*del 1400aC al 100dC*).

- Tuvo más de 40 escritores diversos y de diferentes clases sociales (reyes, campesinos, filósofos, eruditos, médicos, pescadores y otros).

- Contiene variedad de géneros literarios (poesía, narrativas, cartas, profecías, proverbios).

- El Antiguo Testamento tiene 17 libros históricos (*Génesis, Éxodo, Levítico Números, Deuteronomio, Josué, Jueces, Rut, 1 y 2 Samuel, 1 y 2 Reyes, 1 y 2 Crónicas, Esdras, Nehemías y Ester*), 5 poéticos (*Job, Salmos,*

Proverbios, Eclesiastés y Cantar de los Cantares) y 17 proféticos (*Isaías, Jeremías, Lamentaciones, Ezequiel, Daniel, Oseas, Joel, Amós, Abdías, Jonás, Miqueas, Nahúm, Habacuc, Sofonías, Hageo, Zacarías y Malaquías*).

- El Nuevo Testamento tiene 4 Evangelios (*Mateo, Marcos, Lucas y Juan*), Hechos, 21 epístolas (*Romanos, 1 y 2 Corintios, Gálatas, Efesios, Filipenses, Colosenses, 1 y 2 Tesalonicenses, 1 y 2 Timoteo, Tito, Filemón, Hebreos, Santiago, 1 y 2 Pedro, 1, 2 y 3 Juan, Judas*) y Apocalipsis.

- La Biblia es en realidad una colección de 66 libros: 39 en el Antiguo Testamento y 27 en el Nuevo Testamento.

- Cuando se escribió la Biblia no tenía divisiones de capítulos y versículos.[6]

- Stephen Langton dividió la Biblia en capítulos alrededor del año 1228dC.

- La división de los versículos del Antiguo Testamento la hizo el Rabino Isaac Nathan en el 1448dC.

- La división de los versículos del Nuevo Testamento la hizo Robert Stephanus en el 1551dC.

- La primera Biblia completa con divisiones de capítulos y versículos fue la Biblia de Ginebra en el 1560dC.

- La Biblia contiene 1189 capítulos (929 en el Antiguo Testamento y 260 en el Nuevo Testamento).

- El capítulo más largo de la Biblia es el Salmo 119.

- El capítulo más corto en la Biblia es el Salmo 117.

- El versículo más largo de la Biblia está en Ester 8:9.

- El versículo más corto de la Biblia está en Juan 11:35.

- El gran científico Isaac Newton era un apasionado de la Biblia; escribió más sobre la Biblia que de ciencia.[7]

- El país que más Biblias imprime en el mundo es China.[8]

- Hay una organización que lanza Biblias en paracaídas dentro Corea del Norte, donde está prohibida su lectura.[9]

NOTAS

#1 Huffington Post
http://www.huffingtonpost.com/2013/10/25/language-around-the-world_n_4163692.html

#2 El Texto Bíblico
https://sites.google.com/site/textobiblico/criticismo/nt/m

#3 Diccionario Enciclopédico de Biblia y Teología
http://www.biblia.work/diccionarios/tinta/

#4 Lecturízate http://blog.libros.universia.es/los-10-libros-mas-leidos-de-la-historia/

#5 Wikipedia https://es.wikipedia.org/wiki/Biblia

#6 Wikipedia
https://en.wikipedia.org/wiki/Chapters_and_verses_of_the_Bible

#7 Neatorama
http://www.neatorama.com/2007/08/08/ten-strange-facts-about-newton/

#8 Christianity Today
http://www.christiantoday.com/article/nanjing.china.becomes.bible.printing.capital.of.the.world/18520.htm

#9 Billion Bibles http://www.billionbibles.org/north-korea/north-korea-bible.html

7. ¿ESTÁ EN LA BIBLIA?

*¿Que defienda la Biblia? Sería como defender a un león. Solo
déjela libre y se defenderá a sí misma.*
Charles H. Spurgeon
(Predicador británico, conocido como
el "Príncipe de los Predicadores", 1834 – 1892)

¿Has escuchado a alguien iniciar una oración diciendo, "La Biblia dice…" o "Dios dice en la Biblia…? Hay refranes y dichos populares que encierran mucha sabiduría. Algunas personas escuchan una cita o una frase que contiene alguna verdad e inmediatamente suponen que proviene de la Biblia.

En la tabla que sigue, hay una lista de dichos que escuchamos a menudo. ¿Puedes identificar cuáles son de la Biblia y cuáles no?

Lee cuidadosamente cada oración y, al lado de cada una, escribe la palabra "sí", si piensas que la frase es tomada de la Biblia. Si piensas que la frase no pertenece a la Biblia, escribe "no". Luego puedes revisar las respuestas correctas que están al final de este capítulo.

¿ESTÁ EN LA BIBLIA?

1. Ningún hombre puede domar la lengua.

2. Suspéndase el castigo y arruínese el niño.

3. Todo hombre es mentiroso.

4. Lo que el hombre sembrare eso también segará.

5. No hay fin de hacer muchos libros.

6. Errar es de humanos, perdonar es divino.

7. Al que madruga, Dios le ayuda.

8. Quien mal anda, mal acaba

9. La blanda respuesta quita la ira.

10. Haz el bien y no mires a quién.

11. El principio de la sabiduría es el temor a Jehová.

12. Detrás de la cruz está el diablo.

13. A Dios rogando y con el mazo dando.

14. Vuestro pecado os alcanzará.

15. Raíz de todos los males es el amor al dinero.

16. Nadie sabe lo que tiene hasta que lo pierde.

17. Id por medio y no caeréis.

18. Dios dice: "Ayúdate, que yo te ayudaré."

19. Ninguno de nosotros vive para sí mismo.

20. El mucho estudio es fatiga de la carne.

21. La caridad comienza en el hogar.

22. ¿Qué es la vida? Es una neblina que aparece por un poco de tiempo y se desvanece.

23. La oración breve sube al cielo.

24. Ni una hoja se mueve sin la voluntad de Dios.

25. Dios castiga sin vara y sin fuete.

26. La necedad está ligada al corazón del muchacho.

27. No hay mal que por bien no venga.

28. No hagas a nadie lo que no quieres que te hagan a ti.

29. Ojo por ojo y diente por diente.

30. Hasta el necio pasa por sabio cuando se calla.

Respuestas a "¿Está en la Biblia?":

1. Sí – Santiago 3:8
2. No
3. Sí – Salmo 116:11
4. Sí – Gálatas 6:7
5. Sí – Eclesiastés 12:12
6. No
7. No
8. No
9. Sí – Proverbios 15:1
10. No
11. Sí – Proverbios 1:7
12. No
13. No
14. Sí – Números 32:23
15. Sí – 1 Timoteo 6:10
16. No
17. Sí – Proverbios 22:1
18. No
19. Sí – 2 Corintios 5:15
20. Sí – Eclesiastés 12:12
21. No

22. Sí – Santiago 4:14

23. No

24. No

25. No

26. Sí – Proverbios 22:15

27. No

28. No

29. Sí – Éxodo 21:24; Levítico 24:20;
    Deuteronomio 19:21

30. Sí – Proverbios 17:28

PARA CONTACTAR A LA AUTORA:

Mary Ann Martínez

PO Box 5442

Caguas, Puerto Rico 00726

mmartinezpr@gmail.com

La autora es ministro ordenada de la

Iglesia de Dios

www.iglesiadediospr.com

iglesiadedios.info@gmail.com

Made in the USA
Las Vegas, NV
14 December 2022